DOPAMINA

El lado oscuro del placer

Derechos de autor

¿Alguna vez te has encontrado viendo una serie sin poder dejar de verla?

¿O tal vez quedó hipnotizado por una película que tocó sus emociones de manera profunda?

Nuestro cerebro tiene la costumbre de envolvernos con un poder especial, capaz de transportarnos a mundos imaginarios y despertar multitud de emociones.

Pero ¿alguna vez te has parado a preguntarte cómo sucede esto?

En este material, exploraremos los secretos detrás de los mejores enfoques de la neurociencia y la dopamina, revelando las estrategias que utilizan los científicos e investigadores para captar nuestra atención y sumergirnos en un fascinante mundo de conocimiento del cerebro.

Una breve introduccion

En la experiencia humana, la búsqueda incesante del placer es una poderosa corriente que nos arrastra hacia una infinidad de estímulos tentadores. Desde las drogas hasta la comida, desde las redes sociales hasta los juegos de azar, desde las compras hasta los encuentros casuales, estamos rodeados de oportunidades para experimentar placer en cualquier momento. Pero a medida que nos entregamos a esta búsqueda insaciable, surge una pregunta fundamental: ¿nos estamos volviendo realmente más felices o estamos cayendo en una trampa de gratificación inmediata que nos impide alcanzar la verdadera satisfacción?

En este material exploraremos la compleja interacción entre la búsqueda de placer y el funcionamiento de la dopamina en nuestro cerebro. Descubramos qué hay detrás de esta

sustancia química y examinemos cómo está en el centro de

nuestra incesante búsqueda del placer. A lo largo del camino,

consideraremos las implicaciones de este ciclo de gratificación

inmediata para nuestra salud mental, bienestar y búsqueda de

la felicidad genuina.

El descubrimiento de la dopamina

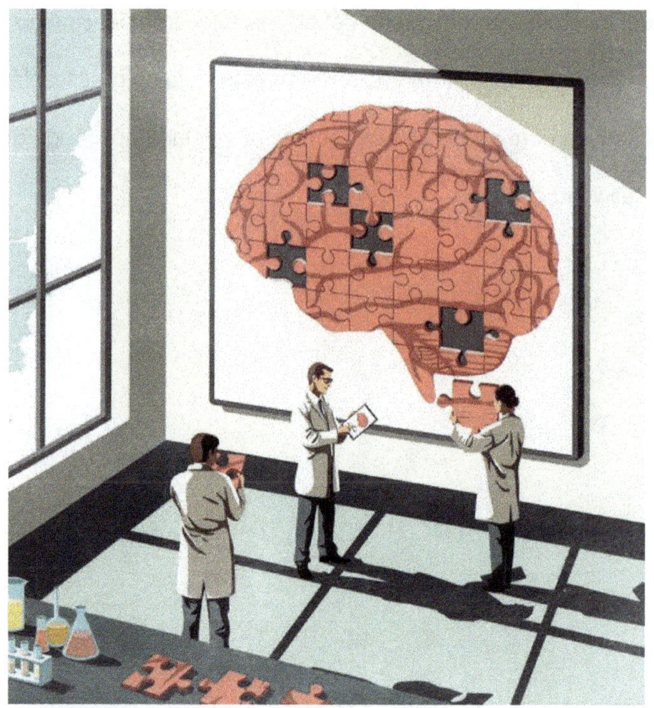

La historia de la dopamina comienza en la década de 1950, cuando apenas comenzaba a comprenderse cómo funciona el cerebro y el papel de los neurotransmisores. Fue durante este período que el científico sueco Arvid Carlsson hizo un descubrimiento revolucionario que arrojó luz sobre uno de los neurotransmisores más importantes del sistema nervioso central: la dopamina.

Arvid Carlsson nació en 1923 en Uppsala, Suecia, y completó su doctorado en medicina en 1951 en la Universidad de Lund. Su carrera científica empezó a despegar cuando se incorporó al Departamento de Farmacología de la Universidad de Gotemburgo. Fue allí donde comenzó a investigar el sistema nervioso y encontró una sustancia química intrigante conocida en ese momento como "sustancia H".

En 1957, Arvid Carlsson y sus colegas pudieron aislar e identificar esta sustancia como una molécula separada y la llamaron "dopamina". Este nombre se deriva de la palabra griega "dopamina", que significa "acción provocadora". El descubrimiento de la dopamina supuso un hito importante en la investigación neuroquímica, ya que representó la primera vez que se aisló e identificó con éxito un neurotransmisor específico.

La dopamina, en particular, llamó la atención de Carlsson por su papel en el control motor. Observó que la dopamina se concentraba en áreas específicas del cerebro, como la sustancia negra, y que su falta estaba relacionada con trastornos del movimiento como la enfermedad de Parkinson. A partir de estas observaciones, Carlsson comenzó a explorar más a fondo el papel de la dopamina en el sistema nervioso.

Su investigación pionera no se limitó sólo a identificar la dopamina, sino que también incluyó estudios sobre cómo esta sustancia química influye en el cerebro y el comportamiento. Carlsson demostró que la dopamina era un neurotransmisor esencial para la comunicación entre neuronas y desempeñaba un papel crucial en varias funciones, incluida la regulación del estado de ánimo, la motivación y el procesamiento de recompensas.

El trabajo de Arvid Carlsson ha sentado las bases para comprender las complejas interacciones químicas que ocurren en el cerebro y cómo estas interacciones afectan nuestra salud física y mental. Su espíritu pionero y su dedicación a la investigación en el área de la dopamina le llevaron finalmente a recibir uno de los premios científicos más prestigiosos del mundo: el Premio Nobel de Fisiología o Medicina.

En 2000, Arvid Carlsson recibió el Premio Nobel, junto con los científicos Paul Greengard y Eric Kandel, por sus contribuciones a la comprensión de los mecanismos de acción de los neurotransmisores, incluida la dopamina. El Premio Nobel reconoció la importancia de sus descubrimientos para la neurociencia y la medicina, destacando la dopamina como un componente central en la regulación del cerebro y la mente

humanos.

El papel de la dopamina en el cerebro:

Un análisis detallado

La dopamina es un neurotransmisor crucial en el sistema nervioso y desempeña múltiples funciones complejas e interconectadas en el cerebro humano. Para comprender en profundidad el papel de la dopamina es necesario analizar sus funciones en diferentes áreas y sistemas cerebrales:

1. Sistema de Recompensa:

Una de las funciones más conocidas y estudiadas de la dopamina es su función en el sistema de recompensa del cerebro. Este sistema se encarga de evaluar las experiencias como gratificantes y reforzar las conductas que conducen a estas recompensas.

El núcleo accumbens, una región del cerebro, es fundamental para este proceso. Cuando una persona experimenta algo placentero, como comer una comida deliciosa o recibir elogios, las neuronas de esta área liberan dopamina. Esto crea un sentimiento de motivación y satisfacción, fomentando la repetición de la acción que condujo a la recompensa. La dopamina actúa como una "señal de placer anticipada", motivándonos a buscar recompensas y formar hábitos.

Sin embargo, este sistema de recompensa puede explotarse de manera negativa, dando lugar a conductas adictivas. Las drogas, los juegos de azar y otras actividades que estimulan la liberación de dopamina pueden crear adicción, ya que el cerebro busca repetidamente la sensación de placer asociada con estas sustancias o comportamientos.

2. Regulación del estado de ánimo:

Además del sistema de recompensa, la dopamina desempeña un papel clave en la regulación del estado de ánimo. Unos niveles adecuados de dopamina se asocian con sensaciones de bienestar, alegría y motivación. La falta de dopamina, por otro lado, puede estar relacionada con la depresión y otros trastornos del estado de ánimo.

En trastornos como la depresión, puede haber una disfunción en la regulación de la dopamina, dando lugar a niveles bajos de este neurotransmisor. Esto puede contribuir a síntomas como apatía, falta de motivación y tristeza profunda. Los medicamentos antidepresivos, como los inhibidores selectivos de la recaptación de serotonina y dopamina (ISR), tienen como objetivo aumentar los niveles de dopamina en el cerebro para ayudar a aliviar los síntomas depresivos.

3. Control de movimiento:

La dopamina juega un papel vital en el control del movimiento. Esta función es especialmente evidente en la región de la sustancia negra, ubicada en la base del cerebro. La falta de dopamina en esta zona es la principal característica de la enfermedad de Parkinson.

En la enfermedad de Parkinson, la muerte progresiva de las neuronas productoras de dopamina en la sustancia negra produce síntomas motores como temblores, rigidez muscular y dificultades de coordinación. El tratamiento estándar para la enfermedad de Parkinson incluye medicamentos, como la levodopa, que se convierten en dopamina en el cerebro para compensar la deficiencia.

4. Aprendizaje y Memoria:

La dopamina juega un papel interesante en el aprendizaje y la formación de recuerdos, especialmente aquellos asociados con recompensas. Cuando experimentas algo gratificante, como un elogio o un plato sabroso, la liberación de dopamina ayuda a fortalecer las conexiones entre las neuronas involucradas en la formación de ese recuerdo.

Estos recuerdos asociados a recompensas pueden influir en su comportamiento futuro. Por ejemplo, si asocias una actividad concreta con una sensación de placer debido a la liberación de dopamina, será más probable que repitas esa actividad.

5. Toma de decisiones y motivación:

La dopamina juega un papel crucial en la toma de decisiones, la evaluación de riesgos y recompensas y la motivación. Cuando te enfrentas a una elección, tu cerebro evalúa las posibles recompensas y riesgos asociados con cada opción.

La liberación de dopamina ayuda a indicar qué opciones son más gratificantes, lo que influye en su decisión final. Este proceso también está relacionado con la motivación, ya que la dopamina te motiva a realizar actividades que prometen recompensas.

6. Reacciones al estrés:

La dopamina también juega un papel en el sistema de respuesta al estrés. Durante situaciones estresantes, la liberación de dopamina puede aumentar para ayudar a movilizar energía y atención para hacer frente a la amenaza percibida. Sin embargo, en casos crónicos de estrés, la disfunción en la regulación de la dopamina puede estar relacionada con trastornos como el trastorno de estrés postraumático (TEPT).

La dopamina es un neurotransmisor increíblemente versátil que desempeña una serie de funciones críticas en el cerebro humano. Su influencia se extiende desde el sistema de recompensa, donde motiva la búsqueda de placer y la formación de hábitos, hasta la regulación del estado de ánimo, el control del movimiento, el aprendizaje y la memoria, la toma de decisiones, la motivación e incluso las reacciones al estrés.

A medida que avanza la investigación neurocientífica, nuestro conocimiento sobre la dopamina y su influencia en el comportamiento humano también se profundiza, abriendo la puerta a nuevas terapias e intervenciones.

Dopamina en el tracto gastrointestinal: una revelación intrigante

El descubrimiento de la dopamina fuera del cerebro, concretamente en el tracto gastrointestinal, sacó a la luz una nueva dimensión en la comprensión de cómo afecta esta molécula a nuestro organismo. La presencia de dopamina en el tracto gastrointestinal se identificó inicialmente en los años 1970 y 1980, y desde entonces ha sido objeto de intensas investigaciones.

El tracto gastrointestinal, o sistema digestivo, está formado por un conjunto complejo de órganos, incluidos el estómago, el intestino delgado y el intestino grueso. Su función principal es la digestión de los alimentos y la absorción de nutrientes esenciales para el funcionamiento del organismo. Sin embargo, también es un sistema altamente regulado por el sistema nervioso, y la dopamina juega un papel clave en esta regulación.

El poder oculto de la dopamina en el amor romántico: cómo la química cerebral influye en nuestras emociones

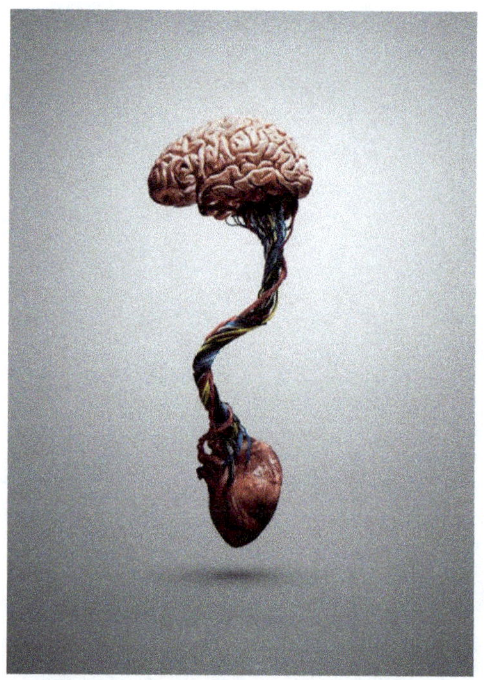

El amor es una de las experiencias humanas más profundas y misteriosas. Es un sentimiento que ha inspirado a poetas, artistas y filósofos a lo largo de la historia y que a menudo se ha descrito como una fuerza abrumadora e inexplicable. Sin embargo, la ciencia moderna ha arrojado luz sobre los mecanismos subyacentes al amor, revelando que la dopamina, una sustancia química del cerebro, desempeña un papel crucial en el inicio y mantenimiento del amor romántico.

Imagina ese momento mágico en el que conoces a alguien especial y sientes una chispa de intensa atracción. Tu corazón se acelera, tus manos sudan y sientes una abrumadora sensación de felicidad. Esta sensación, conocida como "mariposas en el estómago", es una respuesta bioquímica compleja, y la dopamina es una de las protagonistas de este escenario emocional.

El comienzo del amor romántico: la dopamina en acción

Cuando conoces a alguien que despierta tu interés romántico, tu cerebro se acelera. Se activa una zona del cerebro conocida como núcleo accumbens, que forma parte del sistema de recompensa. En este punto, la dopamina comienza a liberarse en niveles más altos de lo normal. Este estallido de dopamina es responsable del sentimiento de euforia y excitación que suele acompañar al inicio de una relación romántica.

La dopamina actúa como un mensajero químico que le indica al cerebro la importancia del estímulo que estás experimentando. En otras palabras, te hace sentir bien en presencia de la persona que amas, animándote a pasar más tiempo con ella y buscar una conexión más profunda. Es por esto que, al inicio del amor romántico, muchos de nosotros sentimos una atracción irresistible, una necesidad constante de estar cerca de nuestro ser amado y un intenso deseo de crear una conexión emocional más profunda.

El mantenimiento del amor romántico: la dopamina como
aliada

A medida que avanza la relación romántica y disminuye la fase
inicial de intensa pasión, la dopamina continúa desempeñando
un papel vital en el mantenimiento del amor romántico. Aunque
la euforia inicial puede disminuir, la presencia constante de
dopamina ayuda a mantener el vínculo emocional entre la
pareja.

La dopamina participa en la formación de recuerdos asociados
con las recompensas. Esto significa que los momentos felices
que compartes con tu pareja, los gestos afectuosos, las risas y
las experiencias conmovedoras quedan registrados en tu
cerebro con la ayuda de la dopamina. Estos recuerdos
positivos fortalecen tu relación y crean una sensación de
recompensa cada vez que estás con tu pareja.

Además, la dopamina está relacionada con el deseo y la motivación. Nos anima a hacer esfuerzos para mantener y mejorar la relación. Nos motiva a ser afectuosos, resolver conflictos e invertir tiempo y energía en nuestra pareja. El sentimiento de gratificación que sentimos cuando hacemos algo para complacer a nuestra pareja es, en parte, resultado de la acción de la dopamina.

Desafíos del amor romántico: cuando la dopamina entra en juego

Si bien la dopamina es un poderoso aliado en el amor romántico, también puede presentar desafíos. El mismo sistema de recompensa que nos hace sentir tan bien cuando estamos enamorados puede hacernos vulnerables a sentimientos intensos de tristeza y ansiedad cuando la relación tiene problemas.

Por ejemplo, en una ruptura, la falta de la presencia constante de un ser querido puede provocar una caída de los niveles de dopamina, lo que provoca síntomas de abstinencia similares a los que experimentan las personas que dejan las drogas. La profunda tristeza y sensación de vacío tras el fin de una relación se puede explicar, en parte, por la caída de los niveles de dopamina.

El poder de comprender la dopamina en el amor romántico

Comprender el papel de la dopamina en el amor romántico no sólo nos brinda una visión más profunda de nuestras emociones, sino que también puede ayudarnos a afrontar mejor los desafíos de las relaciones románticas. Saber que la intensidad inicial de la pasión es en gran medida resultado de la acción de la dopamina nos permite apreciarla plenamente y comprender que puede disminuir con el tiempo.

Además, la dopamina nos recuerda la importancia de invertir en nuestra relación, crear recuerdos positivos y mantener viva la llama del amor. Saber que la dopamina interviene en la formación de recuerdos asociados a las recompensas nos anima a crear momentos especiales con nuestra pareja, fortaleciendo los vínculos emocionales.

En resumen, la dopamina es una de las fuerzas impulsoras del amor romántico. Nos hace sentir vivos, apasionados y motivados para buscar conexiones profundas con nuestros socios. Comprender el papel de esta sustancia química en nuestras emociones nos ayuda a valorar aún más la experiencia del amor romántico y afrontar los retos que puedan surgir en el camino. El amor es un viaje increíble y la dopamina es uno de nuestros mayores aliados en este maravilloso viaje. Así que abre tu corazón, deja fluir la dopamina y disfruta de la magia del amor romántico.

Dopamina no Trato Gastrointestinal:

Funciones e Impacto en la Salud

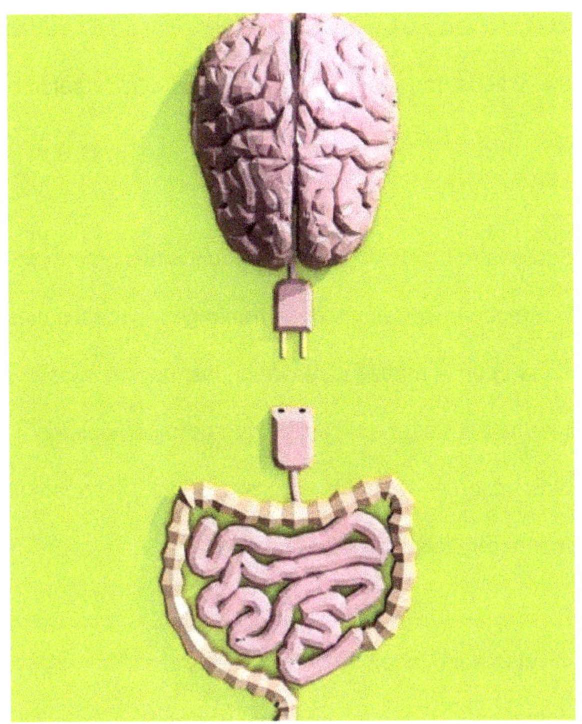

La dopamina en el tracto gastrointestinal realiza varias funciones cruciales para el correcto funcionamiento del sistema digestivo y tiene importantes implicaciones para la salud en general.

Motilidad gastrointestinal: Una de las funciones más importantes de la dopamina en el tracto gastrointestinal está relacionada con la motilidad, es decir, los movimientos coordinados del sistema digestivo que permiten que los alimentos pasen por el tracto gastrointestinal. La dopamina actúa como regulador de este proceso.

Unos niveles adecuados de dopamina en el tracto gastrointestinal son esenciales para mantener una motilidad normal. La falta de dopamina puede provocar problemas como estreñimiento, una afección caracterizada por evacuaciones intestinales lentas y difíciles. Por otro lado, un exceso de dopamina puede provocar una motilidad excesivamente rápida, provocando diarrea.

Producción de ácido gástrico: otra función importante de la dopamina en el tracto gastrointestinal está relacionada con la regulación de la producción de ácido gástrico en el estómago. El ácido gástrico es esencial para digerir los alimentos y destruir bacterias no deseadas. La dopamina actúa como modulador de este proceso.

Unos niveles adecuados de dopamina en el estómago aseguran la producción controlada de ácido gástrico, permitiendo una correcta digestión de los alimentos. Sin embargo, los desequilibrios en la regulación de la dopamina pueden provocar una producción excesiva o insuficiente de ácido estomacal, provocando problemas como acidez de estómago, reflujo ácido e indigestión.

Sensación de náuseas: la dopamina también participa en la regulación de la sensación de náuseas. Cuando se produce una irritación en el tracto gastrointestinal, como al comer alimentos contaminados, se puede liberar dopamina en respuesta a este estímulo. Esto desencadena la sensación de náuseas, que sirve como mecanismo de protección para evitar una mayor ingestión de sustancias potencialmente nocivas.

Impacto en los trastornos gastrointestinales: los desequilibrios en la regulación de la dopamina en el tracto gastrointestinal se han asociado con una serie de trastornos gastrointestinales. Por ejemplo, en la enfermedad de Parkinson, que se caracteriza por la degeneración de las neuronas productoras de dopamina, los síntomas motores son bien conocidos, pero también pueden ocurrir problemas gastrointestinales como el estreñimiento.

Además, la dopamina está implicada en trastornos como el síndrome del intestino irritable (SII) y la gastroparesia. En el

SII, los desequilibrios en la regulación de la dopamina pueden contribuir a síntomas como dolor abdominal, hinchazón e irregularidades en las deposiciones. La gastroparesia, a su vez, es una afección en la que el estómago no se vacía adecuadamente y la dopamina desempeña un papel en la regulación de la motilidad gástrica.

Dopamina y comunicación entre el cerebro y el tracto gastrointestinal: Uno de los descubrimientos más intrigantes es la existencia de una comunicación bidireccional entre el cerebro y el tracto gastrointestinal, mediada en parte por la dopamina. Esto significa que el cerebro puede afectar la función gastrointestinal y viceversa.

Cuando estamos estresados, ansiosos o alterados emocionalmente, el cerebro puede enviar señales que afectan la motilidad y la función gastrointestinal. Esta es una de las razones por las que muchas personas experimentan malestar gastrointestinal en situaciones de estrés o ansiedad. La dopamina juega un papel en esta comunicación, influyendo en las respuestas emocionales que pueden afectar el funcionamiento del tracto gastrointestinal.

El papel de la dopamina en las células enteroendocrinas: un descubrimiento reciente que ha ganado importancia en la investigación es el papel de la dopamina en las células enteroendocrinas del tracto gastrointestinal. Estas células desempeñan un papel crucial en la regulación de la ingesta de alimentos y en la producción de hormonas implicadas en el control del apetito.

La dopamina producida por las células enteroendocrinas actúa como regulador en la liberación de hormonas, como la grelina (hormona del hambre) y la leptina (hormona de la saciedad). Esto significa que la dopamina no sólo influye en la digestión, sino que también puede afectar nuestra sensación de hambre y saciedad.

Implicaciones terapéuticas: La creciente comprensión del papel de la dopamina en el tracto gastrointestinal tiene implicaciones terapéuticas prometedoras. Los investigadores están explorando formas de modular los niveles de dopamina en el tracto gastrointestinal para tratar trastornos como el estreñimiento crónico, el síndrome del intestino irritable y la gastroparesia. Además, comprender esta compleja red de comunicación entre el cerebro y el tracto gastrointestinal podría conducir a enfoques más integrados para el tratamiento de los trastornos alimentarios y la obesidad.

La dopamina, una molécula famosa por su papel en el cerebro, resulta ser una figura igualmente importante y compleja en el tracto gastrointestinal. Su presencia y regulación son cruciales para el correcto funcionamiento del sistema digestivo y tienen importantes implicaciones para la salud en general.

La comprensión de las funciones de la dopamina en el tracto gastrointestinal está en constante evolución y se necesita investigación adicional para aclarar completamente sus

mecanismos y potencial terapéutico. Sin embargo, esta

ampliación de nuestro conocimiento sobre la dopamina nos

lleva a una apreciación más profunda de la complejidad del

cuerpo humano y las fascinantes interacciones entre los

diferentes sistemas de órganos. A medida que continúa la

investigación, podemos esperar que nuevos descubrimientos

revelen aún más sobre el papel multifacético de la dopamina

en nuestra salud y bienestar.

La danza neuroquímica de la dopamina y la tirosina

Para comprender completamente la relación entre la tirosina y la dopamina, es importante observar la danza neuroquímica que tiene lugar en nuestro cerebro. La dopamina se sintetiza en varias regiones del cerebro, pero su fuente principal es la sustancia negra, una estructura en la parte central del cerebro. La síntesis de dopamina comienza con tirosina, que se convierte en L-DOPA mediante una enzima llamada tirosina hidroxilasa. Luego, la enzima dopa-descarboxilasa convierte la L-DOPA en dopamina.

La dopamina es esencial para el funcionamiento normal del sistema nervioso y la disponibilidad adecuada de tirosina es un factor crítico en este proceso. Sin suficiente tirosina, el cuerpo no puede producir dopamina en cantidades adecuadas, lo que puede provocar una serie de desequilibrios neuroquímicos.

La tirosina, a menudo llamada "tirosina precursora", se obtiene de la dieta y el cuerpo también la sintetiza a partir de otro aminoácido, la fenilalanina. Está presente en una variedad de alimentos, como carne, pescado, huevos, lácteos, frutos secos, semillas y legumbres. Cuando el cuerpo absorbe la tirosina o la sintetiza a partir de fenilalanina, se convierte en un eslabón vital en la cadena de producción de dopamina.

La deficiencia de tirosina puede tener graves consecuencias para la síntesis de dopamina y, a su vez, para la salud física y mental. En casos raros, la fenilcetonuria, una enfermedad genética, impide la conversión adecuada de fenilalanina en tirosina, lo que provoca una deficiencia de tirosina. Esto puede causar retraso mental y problemas neurológicos graves si no se trata.

Mantener una dieta equilibrada que incluya fuentes de tirosina es fundamental para garantizar que el organismo disponga del precursor necesario para la producción de dopamina. Al comprender la conexión entre la tirosina y la dopamina, podemos apreciar cómo nuestras elecciones de alimentos y atención médica pueden afectar profundamente nuestra función cerebral y nuestro bienestar emocional. Por tanto, no hay que subestimar el papel fundamental que desempeña la tirosina.

El sistema de recompensas

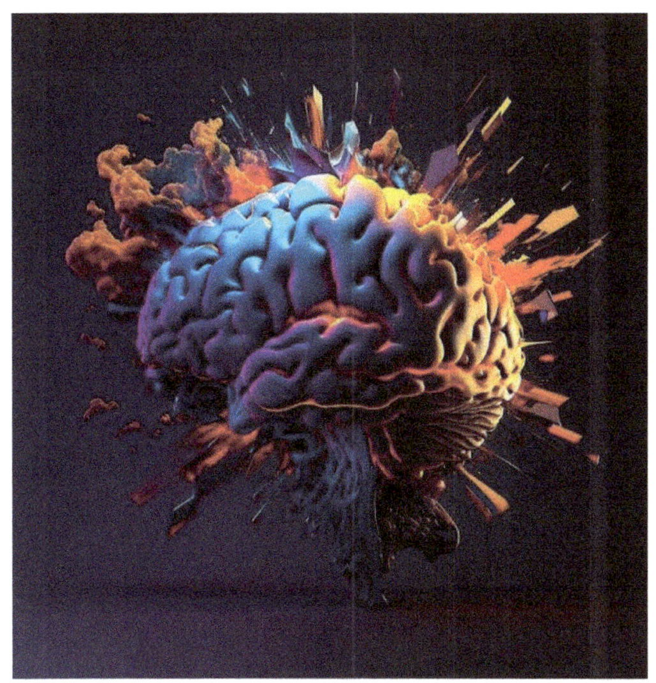

¿Sabías que una parte de tu cerebro juega un papel clave en la creación de motivación e influye en la forma en que enfrentamos comportamientos desafiantes, como ese temido lunes?

Me refiero al sistema de recompensa, está formado por varias estructuras cerebrales y redes neuronales interconectadas que juegan un papel crucial a la hora de generar conductas relacionadas con la motivación y el placer. Es importante resaltar que la recompensa se relaciona con aprender el valor de una conducta, mientras que el placer se asocia con gustar o sentirse bien al realizar esa conducta.

Este sistema utiliza aspectos positivos de las emociones, como el placer y los deseos, para crear la motivación necesaria para realizar conductas específicas. Por ejemplo, no todos los comportamientos necesitan ser intrínsecamente placenteros para estar relacionados con una actividad de recompensa. Es posible que algunos comportamientos, como el trabajo, no proporcionen un placer inmediato, pero aprendemos a estar motivados para realizarlos, ya que reconocemos la necesidad de ganar dinero para lograr las cosas que disfrutamos.

El sistema de recompensa se compone de varias regiones del cerebro, incluida el área tegmental ventral, el núcleo accumbens, el cuerpo estriado, la corteza prefrontal, la corteza cingulada anterior, el hipocampo, el hipotálamo y la amígdala. Cada una de estas regiones juega un papel específico en el procesamiento cognitivo de este sistema, contribuyendo a nuestra motivación hacia conductas específicas.

La dopamina es un neurotransmisor esencial para controlar la actividad del sistema de recompensa. Se produce en el área tegmental ventral y se proyecta a varias otras áreas del sistema de recompensa. La actividad dopaminérgica en el área tegmental ventral activa el núcleo accumbens, extendiendo la activación por todo el sistema de recompensa. Esta vía se conoce como vía dopaminérgica mesolímbica.

Para entender cómo funciona el procesamiento del sistema de recompensa, podemos considerar el ejemplo de comer una barra de chocolate con leche por primera vez. Tu cerebro identifica que estás comiendo algo muy sabroso debido a los niveles de azúcar y grasa presentes en la barra. Como resultado, se activa la actividad de la vía mesolímbica, lo que conduce a un aumento de la liberación de dopamina. El núcleo accumbens se comunica con la amígdala para identificar la emoción asociada a comer chocolate, que es el placer. Esta comunicación ayuda al hipocampo a formar un recuerdo que asocia comer chocolate con el placer, creando motivación para repetir este comportamiento.

Es importante señalar que el sistema de recompensas no se limita a conductas intrínsecamente placenteras. Comportamientos que pueden no ser placenteros por naturaleza, como el trabajo, pueden volverse motivadores cuando asociamos ganar dinero con el logro de nuestras metas y placeres personales. Esto se debe a que el cerebro predice la sensación de placer o la consecución de objetivos a través de este trabajo.

Además, varios trastornos psiquiátricos pueden afectar el sistema de recompensa, desregulando partes específicas de la red neuronal. Esto puede derivar en síntomas como anhedonia en la depresión, falta de motivación e interés para realizar actividades, y en otros trastornos como TDAH, esquizofrenia, trastorno bipolar, trastorno de ansiedad y trastornos depresivos.

Las drogas adictivas también tienen la capacidad de hiperactivar la vía dopaminérgica mesolímbica, secuestrando el sistema de recompensa. Esto conduce a una motivación excesiva para obtener más medicamentos, a menudo en detrimento de las actividades diarias normales.

En resumen, el sistema de recompensa, con la dopamina como pieza central, desempeña un papel clave en nuestra motivación, aprendizaje, formación de hábitos y toma de decisiones. Nos impulsa a buscar actividades que resulten en recompensas y placer, moldeando nuestro comportamiento e influyendo en nuestras elecciones. Comprender cómo funcionan la dopamina y el sistema de recompensa es esencial para comprender nuestros impulsos, comportamientos y los desafíos que enfrentan quienes padecen trastornos psiquiátricos o adicciones. La dopamina no es sólo un neurotransmisor; es una clave para desbloquear los misterios de la motivación y el placer que dan forma a nuestras vidas.

La corteza prefrontal: la torre de mando del cerebro

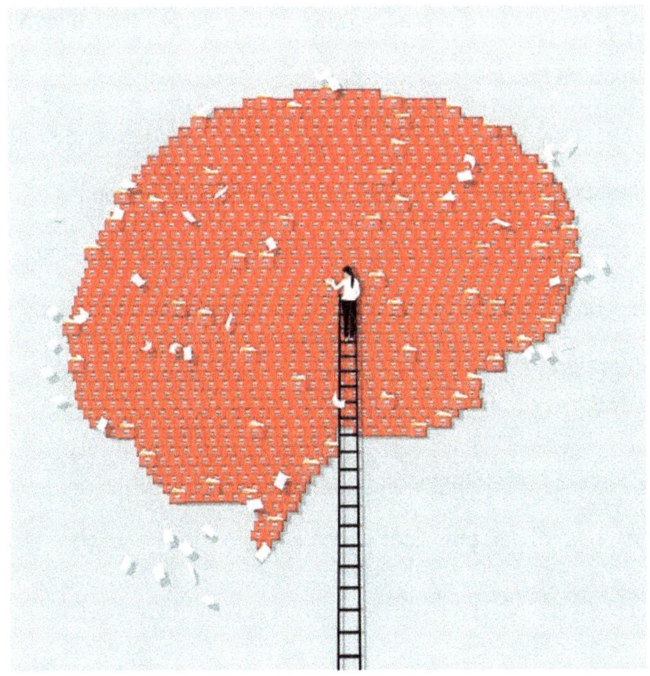

Una de las características que nos distingue de otros animales, incluso de los primates más cercanos en nuestra evolución, es el desarrollo y la complejidad del funcionamiento de una región del cerebro llamada corteza prefrontal. En este material entenderás qué es la corteza prefrontal, las diferentes áreas que la componen y su importancia para diferentes funciones cerebrales.

La corteza prefrontal juega un papel crucial en varias funciones, desde planificar y ejecutar acciones hasta controlar nuestros comportamientos.

Recibe su nombre porque está situado en el lóbulo frontal del cerebro y se puede subdividir en cinco áreas distintas: dorso lateral, dorso medial, vientre lateral, vientre medial y órbita frontal.

Todas estas áreas están conectadas con otras partes del cerebro, como las áreas de asociación y el sistema límbico.

La corteza prefrontal es vital para funciones cognitivas esenciales conocidas como control ejecutivo o funciones ejecutivas. Esto incluye procesos cognitivos fundamentales para controlar nuestra conducta, como la atención, el control inhibitorio, la memoria de trabajo, la flexibilidad cognitiva, el razonamiento, la planificación y la resolución de problemas. Estas funciones juegan un papel importante en nuestra inteligencia y nuestra capacidad para interactuar socialmente.

De hecho, muchos consideran que la corteza prefrontal es una especie de "torre de mando" de nuestra personalidad y comportamiento. Su complejidad y capacidad han propiciado nuestra capacidad para desarrollar tecnologías y avances científicos.

Una forma de empezar a comprender la importancia de la corteza prefrontal fue a través del famoso caso de Phineas Gage, un trabajador de la construcción que sufrió un accidente en el que una barra de hierro atravesó parte de su corteza prefrontal. Los cambios en su comportamiento permitieron comprender las funciones de esta región.

Con los avances en neurociencia, hemos intentado identificar funciones específicas dentro de la corteza prefrontal relacionadas con áreas específicas, como la corteza prefrontal dorsolateral, que parece estar involucrada en procesos de fluidez verbal y organización del pensamiento. Esta área es particularmente importante para la memoria de trabajo, que es esencial para mantener la fluidez verbal y el flujo de pensamientos al hablar y leer.

El área ventral medial, por otro lado, está asociada tanto con la memoria de trabajo como con la toma de decisiones. Juega un papel fundamental a la hora de evaluar si tomar o no una decisión, sopesando las consecuencias y recompensas de la acción.

La corteza prefrontal orbitofrontal tiene una conexión profunda con nuestros estados emocionales e influye en nuestras decisiones basadas en nuestros valores emocionales y éticos. Es capaz de mediar en nuestra personalidad, toma de decisiones y emociones, utilizando la hipótesis de los marcadores somáticos, como comenta Antonio Damásio en su libro "El error de Descartes".

Aunque muchos estudios han intentado asignar funciones específicas a áreas específicas de la corteza prefrontal, el consenso actual es que todas las áreas desempeñan papeles en diversas funciones ejecutivas, sin una separación clara y exclusiva de funciones en áreas específicas. La complejidad y la interconexión de las funciones ejecutivas hacen que la corteza prefrontal sea esencial para nuestra inteligencia, personalidad y funcionamiento social.

Los estudios también revelan que las disfunciones en la corteza prefrontal están asociadas con varios trastornos psiquiátricos y del neurodesarrollo, como el TDAH, la ansiedad, la depresión y el trastorno bipolar, afectando negativamente las funciones cognitivas y emocionales.

¿SEROTONINA = FELICIDAD?

Seguramente habrás oído hablar de la serotonina como la 'hormona de la felicidad', algo que quizás explique por qué comer chocolate puede hacernos sentir bien, ya que aumenta los niveles de serotonina.

Sin embargo, ¿es ésta la única función de este neurotransmisor en nuestro cerebro?

Quiero abordar las diferentes funciones de la serotonina, explicando cómo se absorbe en nuestro organismo, se sintetiza y su relación con trastornos como la ansiedad y la depresión. Para empezar, es importante entender qué es la serotonina.

La serotonina es un neurotransmisor liberado por las sinapsis de nuestro cerebro.

Curiosamente, aunque es esencial para el funcionamiento cerebral, alrededor del noventa por ciento de la serotonina se produce y permanece en nuestro intestino, concretamente en las células enterocromafines.

En términos bioquímicos, la serotonina resulta de reacciones que involucran al triptófano, transformándolo en 5-hidroxitriptófano y luego en 5-hidroxitriptamina, también conocida como serotonina o 5-HTP.

Como se mencionó, la serotonina en el intestino se produce en respuesta a estímulos alimentarios, aumentando la motilidad intestinal. Sin embargo, además de su función en el intestino, la serotonina juega un papel esencial en la regulación de diversos comportamientos. Hay áreas específicas del cerebro que contienen neuronas que liberan serotonina, conocidas como neuronas serotoninérgicas. Estas neuronas se proyectan a varias partes del cerebro, incluida la corteza prefrontal y otras áreas importantes para las diversas funciones que realiza la serotonina.

Es fundamental comprender que cada vez que una neurona libera serotonina, actúa como cualquier otro neurotransmisor, interactuando con las proteínas receptoras. Actualmente, se sabe que existen más de 14 tipos diferentes de receptores de serotonina, cada uno de ellos expresado en diferentes áreas del cerebro y encargado de regular funciones específicas.

Una de las funciones más estudiadas de la serotonina es su relación con la agresión y la impulsividad. Los estudios indican que una disminución en la actividad de receptores específicos de serotonina está relacionada con un aumento de estos comportamientos. Sin embargo, existe controversia, ya que otros estudios sugieren lo contrario, que los aumentos en los niveles de serotonina pueden aumentar la agresión. Por lo tanto, aún no se comprende completamente la correlación entre los niveles de serotonina y estos comportamientos.

Otra función importante es la regulación de la serotonina en los trastornos de ansiedad. Las investigaciones han demostrado que la serotonina desempeña un papel vital en la modulación de las respuestas a estímulos estresantes, haciéndonos más tolerantes a ellos.

La disminución de los niveles de serotonina parece hacer que las personas sean más sensibles a estos estímulos estresantes, mientras que tomar antidepresivos que aumentan la serotonina puede reducir la ansiedad.

La regulación de la serotonina también está relacionada con el estado de ánimo y los estudios han demostrado que los niveles bajos de serotonina pueden contribuir a la depresión. Por otro lado, aumentar los niveles de serotonina mediante antidepresivos puede mejorar el estado de ánimo.

¿Tienes más o menos dopamina?

Tener más o menos dopamina en el sistema nervioso central no es una cuestión de "bueno" o "malo" en un sentido general, ya que la dopamina desempeña papeles cruciales en varias funciones corporales. La valoración de si es preferible tener más o menos dopamina depende del contexto, la salud individual y las necesidades específicas de cada persona.

Tener más dopamina puede resultar beneficioso en determinados casos:

Motivación y recompensa: La dopamina se asocia con el sentimiento de recompensa y motivación. Tener niveles adecuados de dopamina puede ayudar a mantener la motivación para realizar tareas y alcanzar metas.

Bienestar emocional: la dopamina influye en el estado de ánimo y la sensación de placer. Tener niveles equilibrados de dopamina es importante para evitar síntomas de depresión y ansiedad.

Funciones cognitivas: La dopamina interviene en funciones cognitivas como la atención, la concentración y la memoria a corto plazo. Tener niveles adecuados de dopamina puede ser importante para el rendimiento cognitivo.

Sin embargo, tener demasiada dopamina puede provocar problemas como:

Conductas adictivas: La dopamina está relacionada con la adicción, ya que la búsqueda constante de recompensas puede llevar a conductas adictivas como el juego, el consumo excesivo de sustancias y los atracones.

Trastornos psiquiátricos: los niveles anormalmente altos de dopamina se asocian con trastornos neuropsiquiátricos como la esquizofrenia y el trastorno bipolar.

Comportamientos riesgosos: las personas con niveles altos de dopamina pueden tener comportamientos riesgosos, como conducir de manera peligrosa y buscar sensaciones extremas.

Por otro lado, tener menos dopamina también puede resultar problemático:

Motivación reducida: Los niveles bajos de dopamina pueden provocar falta de motivación, apatía y dificultad para perseguir objetivos.

Síntomas depresivos: la disminución de la dopamina se asocia con depresión y anhedonia, una condición en la que las personas pierden la capacidad de sentir placer.

Problemas de concentración: la dopamina desempeña un papel en la atención y la concentración, por lo que niveles bajos pueden afectar negativamente a estas funciones.

Equilibrar los niveles de dopamina es esencial para el bienestar físico y mental. No se trata de tener "más" o "menos" dopamina, sino de mantener niveles saludables y equilibrados para satisfacer las necesidades individuales y evitar problemas de salud mental y conductual. La regulación de los niveles de dopamina debe ser realizada por profesionales sanitarios, cuando sea necesario, y no por cuenta propia.

El riesgo de desequilibrio de dopamina

Aunque la dopamina es esencial para nuestra motivación y placer, un desequilibrio en sus niveles puede provocar problemas graves, incluida la adicción. Cuando se utilizan en exceso actividades o sustancias que liberan dopamina, el cerebro puede adaptarse, lo que resulta en la necesidad de dosis cada vez mayores para experimentar los mismos niveles de placer. Esto crea un círculo vicioso que puede conducir a la adicción.

La adicción puede adoptar muchas formas, desde sustancias como el alcohol, el tabaco y las drogas ilícitas hasta conductas como el juego, las compras compulsivas, la pornografía y el uso excesivo de la tecnología. En todos estos casos, la dopamina juega un papel central en la búsqueda incesante de recompensas.

Ahora que entendemos la importancia de la dopamina y los riesgos asociados con su desequilibrio, exploremos estrategias para regular la dopamina de manera saludable y reducir el riesgo de adicción:

1. Conciencia

El primer paso para evitar la adicción es conocer los factores de riesgo y cómo funciona la dopamina. Comprender que las actividades o sustancias que proporcionan un placer excesivo pueden provocar problemas es fundamental.

2. Estableciendo límites

Poner límites es crucial para evitar la adicción. Esto implica establecer reglas para el uso de sustancias o participar en conductas que liberen dopamina. Por ejemplo, establezca límites de tiempo para el uso de las redes sociales o los videojuegos.

3. Diversificación de las fuentes de placer

En lugar de depender de una única fuente de placer, es importante diversificar sus actividades e intereses. Esto reduce la probabilidad de volverse demasiado dependiente de una única fuente de dopamina.

4. Ejercicio físico

La actividad física regular puede aumentar naturalmente los niveles de dopamina en el cerebro, proporcionando una sensación de bienestar. El ejercicio es una forma saludable de experimentar recompensas y debe incorporarse a su rutina diaria.

5. Dieta equilibrada

La dieta juega un papel importante en la regulación de los neurotransmisores, incluida la dopamina. Ciertos nutrientes, como la tirosina y el triptófano, son precursores de la dopamina. Una dieta equilibrada que incluya alimentos ricos en estos nutrientes puede ayudar a mantener niveles saludables de dopamina.

6. Práctica de atención plena

Las prácticas de meditación y atención plena pueden ayudar a desarrollar la autorregulación emocional y reducir la búsqueda de recompensas instantáneas. Estas técnicas promueven la conciencia del momento presente y pueden reducir la impulsividad.

7. Buscar ayuda profesional

Si cree que está en riesgo de desarrollar una adicción o ya está luchando contra la adicción, es esencial buscar ayuda profesional. Los terapeutas, consejeros y grupos de apoyo pueden ofrecer un apoyo valioso para superar la adicción.

8. Evite el uso de sustancias recreativas

El uso de sustancias recreativas, como drogas ilícitas y alcohol, puede conducir rápidamente a la adicción debido al impacto significativo que tienen en la liberación de dopamina.

Evitar el consumo de estas sustancias es una medida importante para evitar la adicción.

9. Reducir el uso de la tecnología

El uso excesivo de dispositivos tecnológicos como teléfonos inteligentes y computadoras puede generar adicción a las redes sociales y los juegos. Establecer límites de tiempo para el uso de estos dispositivos puede ayudar a prevenir la adicción digital.

10. Refuerzo Positivo

Recompensarse por alcanzar metas y logros personales es una forma saludable de liberar dopamina. Esto estimula la motivación intrínseca y reduce la necesidad de buscar recompensas externas.

La dopamina juega un papel fundamental en nuestra búsqueda de placer, motivación y bienestar. Sin embargo, el desequilibrio en los niveles de dopamina puede provocar adicción a sustancias o comportamientos. Recuerde que el equilibrio es clave y la moderación en todos los ámbitos de la vida es fundamental para mantener una relación saludable con la dopamina.

El dilema de la serotonina y la dopamina

Imagínese en una sabana africana, perdido y hambriento. Encuentras tres jugosas naranjas a tu alcance, pero frente a ti hay un río, y al otro lado, un huerto lleno de estas frutas. Si tu cerebro está inundado de dopamina, tu primera reacción será: "¡Necesito las naranjas del otro lado!". La dopamina es el neurotransmisor de la recompensa y nos impulsa a buscar más, siempre más.

Consideremos ahora lo contrario: un cerebro con altos niveles de serotonina.

En esta situación, probablemente pensarías: "Ya tengo suficiente aquí". La serotonina suele asociarse con la calma y la satisfacción con lo que ya tenemos. Es como si este neurotransmisor nos dijera que no necesitamos buscar constantemente nuevas recompensas, que estamos satisfechos con lo que ya hemos logrado.

Sin embargo, la clave para una vida emocional saludable no reside sólo en uno u otro de estos neurotransmisores, sino en encontrar un equilibrio entre ambos. Aquí es donde entra en juego el concepto de tener una vida "dopaminérgica" durante el día y una vida "serotonérgica" durante la noche.

Equilibrio dopaminérgico y serotoninérgico

Durante el día es natural que busquemos realizar tareas, alcanzar metas y buscar recompensas. Durante este período, la dopamina juega un papel vital, impulsando nuestras acciones y motivaciones.

Por otro lado, por la noche, los fines de semana o durante las vacaciones, es importante reducir el ritmo y dejar que la serotonina ejerza su efecto calmante. Es en estos momentos cuando debemos reflexionar sobre nuestros logros, valorar lo que tenemos y alejarnos de la búsqueda incesante de más.

El equilibrio entre estos dos neurotransmisores se puede lograr mediante prácticas conscientes, como la meditación y el ejercicio de la gratitud. La meditación ayuda a modular la actividad cerebral, calmando las áreas del sistema límbico responsables de la ansiedad. Ejercer la gratitud nos recuerda las cosas positivas de nuestra vida, estimulando la liberación de serotonina.

Reconocer, Aceptar, Investigar y No Identificar

Un valioso ejercicio mental para lograr este equilibrio emocional es el método "Reconocer, Aceptar, Investigar, Desidentificar". Este método, utilizado a menudo en terapias cognitivas, ayuda a afrontar pensamientos y emociones perturbadores.

Reconocer: El primer paso es reconocer lo que está sucediendo en tu mente y cuerpo. Este es el momento de identificar emociones o pensamientos no deseados.

Acepta: Luego acepta estas emociones o pensamientos sin juzgar. No intentes negarlos ni reprimirlos, ya que esto puede conducir a la negación o la supresión.

Investiga: Después de aceptar, investiga por qué estas emociones o pensamientos están presentes. Examina tus causas y cómo estás reaccionando ante ellas.

No te identifiques: Finalmente, no te identifiques con estas emociones o pensamientos. Comprenda que no definen quién es usted, sino que son una parte natural de la experiencia humana.

Comprender la compleja interacción entre la dopamina y la serotonina es sólo el comienzo. Para muchos, el verdadero desafío radica en revertir hábitos arraigados, especialmente aquellos relacionados con la búsqueda incesante de recompensas dopaminérgicas.

Al igual que aprender un nuevo idioma, modificar su comportamiento requiere práctica y paciencia. La neuroplasticidad, la capacidad del cerebro para adaptarse y cambiar, es clave para esta transformación. Si su cerebro está acostumbrado a funcionar en un estado alto de dopamina, le llevará tiempo y esfuerzo reducir la velocidad.

Recuerda que cambiar hábitos y modular los niveles de dopamina requiere paciencia y práctica. La influencia de la comunidad verbal que te rodea también es vital, ya que las personas pueden acelerar o ralentizar tu búsqueda de recompensas.

Por tanto, busca conscientemente un equilibrio entre la búsqueda de más y la valoración de lo que ya tienes. Con estas prácticas y comprensión, estará mejor equipado para

afrontar los desafíos de la vida con calma y satisfacción.

La ilusión del escape perfecto:

En busca de la felicidad eterna

La búsqueda de escapar del sufrimiento es un viaje que muchos de nosotros emprendemos a lo largo de nuestra vida.

Una de las trampas más seductoras en esta búsqueda es la creencia en el "escape perfecto", en la posibilidad de alcanzar un estado de felicidad eterna, donde el dolor y el malestar quedan eliminados para siempre. Esta ilusión, alimentada por representaciones de la cultura popular y de la propia naturaleza humana, merece un análisis más profundo.

La promesa de la felicidad eterna

La cultura popular a menudo describe la felicidad como un estado constante de dicha, en el que se eliminan todas las preocupaciones y la tristeza. Las películas, los programas de televisión, los libros e incluso las redes sociales suelen mostrarnos imágenes de personas que viven vidas aparentemente perfectas, llenas de placer y alegría.

Estas representaciones crean la ilusión de que la felicidad puede ser una constante en nuestras vidas, siempre y cuando encontremos la manera correcta de alcanzarla.

Esta promesa de felicidad eterna es seductora porque apela directamente a nuestro deseo innato de evitar el sufrimiento. A nadie le gusta sentirse triste, frustrado, angustiado o dolorido. Por eso es natural que busquemos formas de escapar de estas emociones incómodas. Sin embargo, la pregunta que surge es: ¿esta búsqueda por escapar del sufrimiento realmente nos llevará a la felicidad eterna?

El ciclo interminable de la insatisfacción

El problema fundamental de intentar escapar del sufrimiento es que a menudo nos coloca en un ciclo interminable de insatisfacción. Así es como se desarrolla este ciclo:

Búsqueda de placer: inicialmente buscamos placer y gratificación instantánea como medio para evitar el sufrimiento. Esto puede incluir comer alimentos deliciosos, ver películas emocionantes, consumir sustancias como alcohol o drogas o tener relaciones íntimas.

Placer efímero: Encontramos placer momentáneo en estas actividades. Por un breve tiempo nos sentimos bien, nuestras preocupaciones se disipan y la vida parece perfecta.

Vacío Emocional: Sin embargo, a medida que el placer disminuye, nos encontramos ante un vacío emocional. El sentimiento de felicidad que experimentamos es efímero y fugaz. Empezamos a sentirnos vacíos, como si algo faltara.

Búsqueda Continuada: El vacío emocional nos retrotrae a la búsqueda del placer. Creemos que si simplemente buscamos más placer o nuevas experiencias, finalmente estaremos llenos de felicidad duradera.

Repetición del ciclo: este ciclo se repite indefinidamente. Buscamos placer sin cesar, sólo para enfrentarnos repetidamente al vacío emocional que sigue. Como resultado, nunca alcanzamos la felicidad eterna que buscamos.

¿Por qué el "escape perfecto" es una ilusión?

La ilusión del "escape perfecto" es perjudicial por varias razones:

Efimeridad del placer: La naturaleza efímera del placer significa que nunca puede mantenerse indefinidamente. Incluso las experiencias más placenteras eventualmente pierden su encanto, dejándonos con la sensación de que falta algo.

Tolerancia y Dependencia: La búsqueda constante de placer puede conducir a la tolerancia, donde necesitamos dosis cada vez mayores para sentir el mismo nivel de satisfacción. Esto puede resultar en adicción a sustancias o conductas nocivas.

Falta de resiliencia: La búsqueda constante de escapar del sufrimiento puede hacernos menos resilientes emocionalmente. Cuando nos enfrentamos a la adversidad, es posible que no tengamos las habilidades necesarias para afrontar el malestar, ya que estamos acostumbrados a evitarlo.

Insatisfacción crónica: este ciclo de búsqueda incesante de placer puede resultar en insatisfacción crónica. Nunca nos sentimos satisfechos con lo que tenemos porque creemos que la próxima experiencia placentera nos traerá la máxima felicidad.

La importancia de la aceptación y el equilibrio

Entonces, ¿cómo podemos escapar de este ciclo de insatisfacción? Un enfoque más saludable implica practicar la aceptación y encontrar el equilibrio. En lugar de buscar constantemente escapar del sufrimiento, podemos aprender a aceptar que el dolor y el malestar son partes inevitables de la vida humana.

Aceptar no significa resignación pasiva, sino reconocer que la vida se compone de momentos agradables y desagradables. Al aceptar el sufrimiento como parte de la experiencia humana, podemos desarrollar una resiliencia emocional que nos permita afrontar los desafíos con más serenidad.

Además, es importante buscar el equilibrio en nuestras vidas. En lugar de buscar placer constante, podemos encontrar significado y satisfacción en una variedad de experiencias, incluidas aquellas que pueden implicar cierto grado de malestar. La búsqueda del equilibrio nos permite vivir una vida más plena y auténtica.

El viaje en busca de sentido

En última instancia, la búsqueda de la felicidad eterna puede ser una ilusión, pero eso no significa que debamos renunciar a buscar la felicidad. En cambio, podemos dirigir nuestra búsqueda hacia el significado y el propósito. La felicidad no está necesariamente en la ausencia de sufrimiento, sino en la capacidad de encontrar significado, crecimiento y conexión en medio de las dificultades.

El viaje hacia el significado puede llevarnos a explorar nuestros valores, desarrollar relaciones significativas, contribuir al bienestar de los demás y buscar un propósito mayor en nuestras vidas. Es un viaje que reconoce el sufrimiento como parte integral de la condición humana, pero que también busca trascender ese sufrimiento a través del crecimiento personal y la búsqueda de lo que realmente importa.

Abrace la realidad de la vida humana. La ilusión del "escape perfecto" nos recuerda que la felicidad eterna puede ser una búsqueda infructuosa. En lugar de perseguir un estado de felicidad constante, podemos encontrar significado y satisfacción en nuestro viaje humano, que incluye momentos de alegría pero también desafíos y sufrimiento.

Comprender que podemos aceptar, crecer y encontrar la felicidad no como un destino final, sino como un viaje continuo de autodescubrimiento y conexión con el mundo que nos rodea. La ilusión del "escape perfecto" puede dejarse atrás en favor de una vida más rica y auténtica donde el sufrimiento sea sólo una parte del panorama más amplio de la existencia.

Conclusión

A lo largo de este material, profundizamos en el complejo y fascinante mundo de la dopamina, un neurotransmisor fundamental que juega un papel crucial en nuestra experiencia de placer, motivación y diversos aspectos de nuestra vida cotidiana. Nuestro viaje comenzó con una exploración de la base biológica de la dopamina y cómo se sintetiza y libera en el cerebro. A continuación, examinamos cómo la dopamina influye en nuestros comportamientos, tanto los intrínsecamente placenteros como los extrínsecamente motivados. Discutimos el sistema de recompensa y cómo está intrínsecamente vinculado a la dopamina, así como la compleja interacción entre el sistema de recompensa y las emociones. Además, investigamos la importancia de la corteza prefrontal en la regulación de la dopamina y su influencia en las funciones ejecutivas y el control de la conducta. Finalmente, exploramos cuestiones cruciales relacionadas con la regulación de la dopamina, las adicciones y las estrategias para mantener un

equilibrio saludable.

www.ingramcontent.com/pod-product-compliance
Lightning Source LLC
Chambersburg PA
CBHW070821280726

48660CB00017B/2327